Librito de Instrucciones de Dios para Líderes

Disponible en inglés en Access Sales International (ASI)
P.O. Box 700143, Tulsa, OK 74170-0143, Fax # 918-496-2822

Publicado por Editorial Unilit
Miami, Fl. 33172

Primera edición 2000

Publicado en inglés con el título: *God's Little Instruction Book for Leaders* por Honor Books Publishing.

Traducido al español por Gabriel Prada

Producto 498357
ISBN 0-7899-0781-X
Impreso en Colombia
Printed in Colombia

INTRODUCCIÓN

¿Cómo llega un individuo a ser un gran líder? Algunas personas creen que los líderes nacen siendo líderes, mientras que otros aseguran que los líderes no nacen, se hacen. Algunos intercambian el uso de los términos *gerente* y *líder*, mientras que otros debaten el hecho de que un título en nada se relaciona con el otro. Otros sin embargo dirían que, el líder es aquel individuo que posee el *control*. ¿Y tú que crees?

Harry Truman dijo en cierta ocasión: "Son los hombres los que hacen historia, y no lo contrario. La sociedad permanece inmóvil en aquellos tiempos en que no hay liderazgo. El progreso ocurre, cuando los líderes que son valientes y poseen destrezas aprovechan la oportunidad para cambiar las cosas y hacerlas mejor".

En Editorial Unilit, creemos que los líderes devotos son gente de principios, integridad y dominio propio, que están más interesados en servir a los demás, que a sí mismo. Los líderes son gente de acción; motivan a los demás, y sin embargo, nunca temen asumir la debida responsabilidad. ¿Eres tú un líder?

Nos sentimos orgullosos de poder ofrecer en *El librito de instrucciones de Dios para líderes*, una colección de fabulosas citas y porciones bíblicas con el propósito de animarte, inspirarte y motivarte a ser el mejor líder que puedas llegar a ser. ¡Permite que las mismas te motiven en el cumplimiento de todos tus sueños!

La sabiduría es la riqueza de un gran líder.

Bienaventurado el hombre que halla la sabiduría, y que obtiene la inteligencia; porque su ganancia es mejor que la ganancia de la plata, y sus frutos más que el oro fino.

Proverbio 3:13-14

Un gran hombre siempre está dispuesto a servir a los demás.

El que es el mayor de vosotros, sea vuestro siervo.

Mateo 23:11

Nunca, nunca, nunca... te rindas.

No nos cansemos, pues, de hacer bien; porque a
su tiempo segaremos, si no desmayamos.

Gálatas 6:9

Amar lo que uno hace y sentir que es de gran importancia -¿habrá algo que sea más divertido?

Cuando comieres el trabajo de tus manos,
bienaventurado serás, y te irá bien.

Salmos 128:2

La prueba de un trabajo de primera clase es que lo termines.

He peleado la buena batalla,
he acabado la carrera.

2 Timoteo 4:7

De nada valen los sueños si
tú mismo no te esfuerzas.

El deseo del perezoso le mata, porque sus manos
no quieren trabajar.

Proverbios 21:25

Debes limpiar tu mente del *no puedo.*

Todo lo puedo en Cristo que me fortalece.

Filipenses 4:13

Confía en los hombres y te demostrarán su fidelidad; trátalos con gentileza, y te demostrarán lo grande que son.

Mejores son dos que uno; porque tienen mejor paga de su trabajo. Porque si cayeren, el uno levantará a su compañero.

Eclesiastés 4:9-10

La vida es como una moneda.
Puedes gastarla de la manera que desees,
pero sólo puedes gastarla una sola vez.

Porque ¿qué es la vida sino efímera neblina que en la mañana aparece y al poco rato se desvanece?

Santiago 4:14 (LBAD)

La diligencia es la madre de la buena fortuna.

Mas la mano de los diligentes enriquece.

Proverbios 10:4

Señor, permite que yo siempre desee más de lo que pueda lograr.

Olvidando ciertamente lo que queda atrás,
y extendiéndome a lo que está delante.

Filipenses 3:13

El secreto del éxito radica en desempeñar de forma extraordianria aquello que es común y corriente.

¿Conoces a algún hombre trabajador?
¡Tendrá éxito y se codeará con los reyes!

Proverbios 22:29 (LBAD)

Eficiencia es, hacer las cosas debidamente.
Efectividad es, hacer lo debido.

Y haz lo bueno y recto ante los ojos de Jehová,
para que te vaya bien.

Deuteronomio 6:18

Nunca se ha erigido una estatua en honor a un crítico.

Así que, ya no nos juzguemos más los unos a los otros.

Romanos 14:13

Nunca digas que es lo mismo
la actividad que la eficiencia.

Pero hágase todo decentemente y con orden.

I Corintios 14:40

La risa añade riqueza, textura
y color a lo que de otra manera
sería un día común.

El rostro feliz alegra el corazón; el ensombrecido demuestra
que tiene el corazón despedazado.

Proverbios 15:13

Puedes lograr más en una hora con Dios, que en toda una vida sin Él.

Andad sabiamente... redimiendo el tiempo.

Colosenses 4:5

La manera de levantarte hasta la cima
es levantándote de tu asiento.

El alma del perezoso desea, y nada alcanza;
mas el alma de los diligentes prosperará.

Proverbios 13:4

La palabra de un hombre honesto es tan valiosa como su depósito de fianza.

Sino que vuestro "Sí" sea "Sí", y vuestro "No" sea "No".

Santiago 5:12

La pereza viaja con tanta calma, que pronto es alcanzada por la pobreza.

Un poco de sueño, cabeceando otro poco, poniendo mano sobre mano, otro poco para dormir; así vendrá como caminante tu necesidad, y tu pobreza como hombre armado.

Proverbios 24:33-34

A la larga, los hombres sólo logran pegarle a lo que le apuntan.

Así que, yo de esta manera corro, no como a la ventura (sin dirección definida).

I Corintios 9:26

El entusiasmo es contagioso. Es difícil permanecer neutral o indiferente en presencia de uno que piensa de manera positiva.

Por lo demás, hermanos, todo lo que es verdadero... honesto... justo... puro... amable... de buen nombre; si hay virtud alguna, si algo digno de alabanza, en esto pensad.

Filipenses 4:8

Descubre qué es lo que te gusta hacer, y nunca tendrás que trabajar otro día en toda tu vida.

Paraos en los caminos, y mirad, y preguntad por las sendas antiguas, cuál sea el buen camino, y andad por él, y hallaréis descanso para vuestra alma.

Jeremías 6:16

La experiencia, no es aquello que le sucede a un hombre; experiencia es lo que un hombre hace con lo que le sucede a él.

Porque todo lo que es nacido de Dios vence al mundo;
y esta es la victoria que ha vencido al mundo, nuestra fe.

I Juan 5:4

La persona que sabe "cómo" siempre tendrá trabajo. Su jefe será la persona que sabe "por qué".

Mejor es adquirir sabiduría que oro preciado; y adquirir inteligencia vale más que la plata.

Proverbios 16:16

Procura desarrollar la mentalidad del cazador... dondequiera que vayas, hay ideas que esperan para ser descubiertas.

Porque el que pide, recibe. Y el que busca, halla.
Y al que llama, se le abrirá.

Mateo 7:8 LBAD

Enfrenta las primeras cosas, primero. Este proceso, a menudo, reduce los más complejos problemas humanos a proporciones manejables.

Mas buscad primeramente el reino de Dios y su justicia,
y todas estas cosas os serán añadidas.

Mateo 6:33

La valentía es la resistencia al temor; el dominio del temor –no la ausencia de temor.

Por tanto, tomad toda la armadura de Dios, para que podáis resistir en el día malo, y habiendo acabado todo, estar firmes. Estad pues firmes.

Efesios 6:13-14

Tarea fácil es hallar falta en los demás; pero hacer el bien, eso sí es difícil.

Por lo cual eres inexcusable, oh hombre, quienquiera que seas tú que juzgas; pues en lo que juzgas a otro, te condenas a ti mismo; porque tú que juzgas haces lo mismo.

Romanos 2:1

Nunca olvides la diferencia entre un jefe y un líder: un jefe dice "¡Anda!" –un líder dice "¡Vamos!"

Subamos luego, y tomemos posesión de ella;
porque más podremos nosotros que ellos.

Números 13:30

Algunos están destinados a lograr el éxito, pero la mayoría de las personas logran el éxito porque están resueltos a hacerlo.

Trabaja con empeño y serás dirigente;
sé perezoso y nunca triunfarás.

Proverbios 12:24 LBAD

Aquel que tiene un *por qué* por el cual vivir, podrá soportar cualquier *cómo.*

No olvides nunca tus promesas para con tu siervo, porque son mi única esperanza. Ellas me dan fortaleza en todas mis tribulaciones; ¡cómo me reconfortan y reviven!

Salmos 119:50 LBAD

No hay nada que sea particularmente difícil, si lo divides en pequeños trabajos.

Y [Abraham dividió sus fuerzas] y cayó sobre ellos de noche, él y sus siervos, y les atacó, y les fue siguiendo.

Génesis 14:15

Es el carácter de muy pocos hombres
el honrar sin envidia a un amigo
que ha prosperado.

En todo tiempo ama el amigo.

Proverbios 17:17

El hombre que no lee buenos libros, no goza de ventaja alguna sobre el que *no puede* leerlos.

Aplica tu corazón a la enseñanza, y tus oídos a las palabras de sabiduría.

Proverbios 23:12

La vida no puede darme gozo y paz; de mí depende lograrlo. La vida sólo me da tiempo y espacio; y de mí depende llenarlo.

He puesto delante la vida y la muerte, la bendición y la maldición; escoge, pues, la vida, para que vivas tú y tu descendencia.

Deuteronomio 30:19

Nunca permitas que tu sentido de quién eres se asocie con tu sentido del trabajo. Si tu trabajo se desvanece, quien eres permanece.

¿Qué provecho tiene el hombre de todo su trabajo con que se afana debajo del sol? Generación va generación viene; mas la tierra permanece.

Eclesiastés 1:3-4

Hay hombres que con tal de alcanzar buenas condiciones de vida, se olvidan de vivir.

Todo hombre coma y beba, y goce el bien de toda su labor.

Eclesiastés 3:13

El arte de ser sabio es el arte de saber cuáles cosas pasar por alto.

La cordura del hombre detiene su furor,
y su honra es pasar por alto la ofensa.

Proverbios 19:11

Cada día hazme recordar que la carrera no le pertenece al más veloz, y que la vida es mucho más que incrementar la velocidad.

Para ganar en una competencia uno tiene que abstenerse de cualquier cosa que le impida estar en las mejores condiciones físicas. Sin embargo, un atleta se esfuerza por ganar una simple cinta azul o una copa de plata, mientras que nosotros nos esforzamos por obtener un premio que jamás se desvanecerá.

I Corintios 9:24 LBAD

Aquel que ha aprendido a obedecer, sabrá cómo mandar.

Te pondrá Jehová por cabeza, y no por cola; y estarás encima solamente, y no estarás debajo, si obedecieres los mandamientos de Jehová tu Dios que yo te ordeno hoy, para que los guardes y cumplas.

Deuteronomio 28:13

El que desee ser un buen líder debe estar preparado para negarse a sí mismo.

Entonces Jesús dijo a sus discípulos: Si alguno quiere venir en pos de mí, niéguese a sí mismo, y tome su cruz, y sígame.

Mateo 16:24

No hay fracaso alguno, excepto cuando se desiste por completo.

Sé fuerte. Sé valiente. No temas delante de ello porque Jehová tu Dios estará contigo. El no te dejará ni te abandonará.

Deuteronomio 31:6 LBAD

El éxito lo ha logrado aquel que ha vivido bien, a menudo ha reído, y mucho ha amado.

Anda, y come tu pan con gozo, y bebe tu vino con alegre corazón; porque tus obras ya son agradables a Dios.

Eclesiastés 9:7

A la gente no le importa lo mucho que sabes, hasta que saben cuánto te interesas por ellos.

Y si tuviese profecía, y entendiese todos los misterios y toda ciencia, y si tuviese toda la fe, de tal manera que trasladase los montes, y no tengo amor, nada soy.

I Corintios 13:2

Si no puedes darle la cara a la música, nunca podrás dirigir la orquesta.

Joven, no te irrites cuando Dios te castigue y te corrija, pues su castigo demuestra que te ama. Así como el padre castiga al hijo en quien se alegra para hacerlo mejor, el Señor te corrige a ti.

Proverbios 3:11-12 LBAD

El tamaño de tu éxito será determinado por el tamaño de lo que tú crees.

Al que cree todo le es posible.

Marcos 9:23

Sé grande en las cosas pequeñas.

El que es fiel en lo muy poco, también en lo más es fiel; y el que en lo muy poco es injusto, también en lo más es injusto.

Lucas 16:10

Rara vez las oportunidades llegan rotuladas.

Así que, según tengamos oportunidad, hagamos bien a todos, y mayormente a los de la familia de la fe.

Gálatas 6:10

Muchos son los hombres que al adquirir riquezas sólo consiguen un cambio, y no el fin de sus problemas.

El que ama el dinero, no se saciará de dinero; y el que ama el mucho tener, no sacará fruto. También esto es vanidad.

Eclesiastés 5:10

Sé que estoy derrotado, si al encontrarme con cualquier ser humano, me veo imposibilitado de aprender algo.

Oirá el sabio, y aumentará el saber,
el entendido adquirirá consejo.

Proverbios 1:5

Parece ser que el éxito tiene que ver mayormente con la habilidad de mantenerse asido después que los demás ya han soltado.

Mantengamos firme, sin fluctuar, la profesión de nuestra esperanza, porque fiel es el que prometió.

Hebreos 10:23

Si continúas diciendo que las cosas han de ir mal, corres el riesgo de convertirte en profeta.

Te has enlazado con las palabras de tu boca,
y has quedado preso en los dichos de tus labios.

Proverbios 6:2

Una inmensa abundancia de bien se puede lograr en este mundo, si uno deja de preocuparse por quién ha de recibir el reconocimiento.

Si pues, coméis o bebéis, o hacéis otra cosa,
hacedlo todo para la gloria de Dios.

I Corintios 10:31

Muéstrame un hombre que no se molesta en hacer pequeñas cosas, y te mostraré un hombre en quien no se puede confiar para hacer grandes cosas.

Sobre poco has sido fiel, sobre mucho te pondré.

Mateo 25:21

Fe es, lanzarle un reto al alma para que trascienda más allá de lo que los ojos pueden ver.

Es pues la fe la certeza de lo que se espera, la convicción de lo que no se ve.

Hebreos 11:1

Las buenas obras valen mucho y cuestan muy poco.

Panal de miel son los dichos suaves; suavidad al alma
y medicina para los huesos.

Proverbios 16:24

No conozco cuál es el secreto del éxito, pero la llave del fracaso es tratar de complacer a todos.

Ninguno puede servir a dos señores; porque o aborrecerá al uno y amará al otro, o estimará al uno y menospreciará al otro.

Mateo 6:24

Es un error mirar demasiado lejos hacia el futuro. En la cadena del destino sólo podemos lidiar con un eslabón a la vez.

Así que no os afanéis por el día de mañana, porque el día de mañana traerá su propio afán. Basta a cada día su propio mal.

Mateo 6:34

El trabajo que más tiempo toma terminar
es el que nunca se ha comenzado.

El camino del perezoso es como seto de espinos;
mas la vereda de los rectos, como una calzada.

Proverbios 15:19

No permitas que tu voluntad ruja cuando tu poder puede susurrar.

Las palabras apacibles dan vida y salud;
las quejas producen el desaliento.

Proverbios 15:4 LBAD

El mundo está lleno de gente dispuesta: algunos dispuestos a trabajar, y los demás dispuestos a dejarlos trabajar.

Entonces dijo Jesús a sus discípulos: A la verdad la mies es mucha, mas los obreros pocos.

Mateo 9:37

El secreto que a un hombre se le hace más difícil guardar, es la opinión que tiene de sí mismo.

Les advierto...: no se consideren mejores de lo que son; valórense de acuerdo al grado de fe que Dios les ha permitido.

Romanos 12:3 LBAD

Jamás nadie ha expresado en su lecho de muerte: ¡Hubiera deseado pasar más tiempo en el trabajo!

Miré yo luego todas las obras que habían hecho mis manos, y el trabajo que tomé para hacerlas; y he aquí, todo era vanidad y aflicción de espíritu, y sin provecho debajo del sol.

Eclesiastés 2:11

En este mundo, todo aquel que alivia la carga del prójimo es una persona de utilidad y gran valor.

Sobrellevad los unos las cargas de los otros, y cumplid así la ley de Cristo.

Gálatas 6:2

No andes por donde el camino te pueda llevar, sino procura andar por donde no hay camino, y deja marcada una huella.

Entonces tus oídos oirán a tus espaldas palabra que diga:
Este es el camino, andad por el.

Isaías 30:21

Hay una sola cosa que puede soportar los más recios ataques a lo largo de la vida: una conciencia tranquila.

Amados, si nuestro corazón no nos reprende,
confianza tenemos en Dios.

I Juan 3:21

Mi obligación es hacer lo que es debido.
El resto queda en las manos de Dios.

Si sabéis que él es justo, sabed también que todo
el que hace justicia es nacido de él.

I Juan 2:29

Cuando te remontas tan alto como el águila, atraes cazadores.

Sed sobrios, y velad; porque vuestro adversario el diablo, como león rugiente, anda alrededor buscando a quien devorar.

I Pedro 5:8

No condenes a tu enemigo; ya que no sabes lo que hubieras hecho en su lugar.

No juzguéis, para que no seáis juzgados. Porque con el juicio con que juzgáis, seréis juzgados.

Mateo 7:1-2

Cada cristiano necesita media hora
de oración diaria, excepto cuando
está muy ocupado.
Entonces necesita una hora.

Tarde y mañana y a mediodía oraré y clamaré,
y él oirá mi voz.

Salmos 55:17

Esperen grandes cosas de parte *de* Dios. Intenten hacer grandes cosas *para* Dios.

De cierto, de cierto os digo: El que en mí cree, las obras que yo hago, él las hará también; y aun mayores hará, porque yo voy al Padre.

Juan 14:12

Nunca sigas a la muchedumbre,
si es que deseas que la muchedumbre
te siga a ti.

La justicia, la justicia seguirás (justicia intransigente),
para que vivas y heredes la tierra que
Jehová tu Dios te da.

Deuteronomio 16:20

Cualquiera puede hacer el mejor esfuerzo personal posible. Dios nos ayuda a superar nuestro mejor esfuerzo.

Y ahora, gloria sea a Dios, quien por el formidable poder que actúa en nosotros puede bendecirnos infinitamente más allá de nuestras más sentidas oraciones, deseos, pensamientos y esperanzas.

Efesios 3:20 LBAD

Los hombres simples y superficiales creen en la suerte ... los hombres fuertes creen en la causa y el efecto.

No os engañéis; Dios no puede ser burlado: pues todo lo que el hombre sembrare, eso también segará.

Gálatas 6:7

¿Amas la vida? Entonces no desperdicies el tiempo, porque de ello está compuesta la vida.

Recuerda cuán breve es mi tiempo.

Salmos 89:47

No permitas que tu aprendizaje te lleve al conocimiento, permite que tu aprendizaje te lleve a la acción.

Pero sed hacedores de la palabra, y no tan solamente oidores, engañándoos a vosotros mismos.

Santiago 1:22

La falta de resolución es el ladrón del tiempo.

Hermano del saboteador es el perezoso.

Proverbios 18:9 LBAD

Nunca es sabio subestimar a un adversario. Consideramos al enemigo de nuestras almas como un adversario que ha sido derrotado, y lo es, pero no por nosotros, sino por Dios.

Porque no tenemos lucha contra sangre y carne.

Efesios 6:12

Cuando juegues, nunca lo hagas para no perder, hazlo siempre para ganar.

¡Gracias a Dios que nos da la victoria [haciéndonos vencedores] por medio de Jesucristo nuestro Señor!

1 Corintios 15:57

Ensilla tus sueños, antes de montar en ellos.

Escribe la visión, y declárala en tablas,
para que corra el que leyere en ella.

Habacuc 2:2

Uno no dirige golpeando a la gente en la cabeza –eso es abuso, no liderazgo.

Porque el siervo del Señor no debe ser contencioso, sino amable para con todos, apto para enseñar, sufrido.

2 Timoteo 2:24

Un inconveniente no es nada más que una aventura considerada erróneamente.

Porque estrecha es la puerta, y angosto el camino que lleva a la vida, y pocos son los que la hallan.

Mateo 7:14

El destino no es asunto de suerte; es asunto de decisiones. No es algo por lo cual uno espera; es algo que uno logra.

Prosigo a la meta, al premio del supremo llamamiento de Dios en Cristo Jesús.

Filipenses 3:14

Al hombre se le dio la imaginación
para compensarlo por lo que él no es.
Se le proveyó sentido del humor,
para consolarlo por lo que sí es.

El corazón alegre constituye buen remedio.

Proverbios 17:22

Por encima de todas las cosas, el mejor premio que ofrece la vida es, la oportunidad de trabajar arduamente en algo que vale la pena.

La riqueza ganada en el juego pronto se esfuma;
la obtenida con rudo trabajo se multiplica.

Proverbios 13:11

No persistas en el camino de locura. Continuar por el camino equivocado no es un distintivo del buen carácter.

El camino del necio es derecho en su opinión;
mas el que obedece al consejo es sabio.

Proverbios 12:15

Un hombre nunca podrá descubrir nuevos océanos, a menos que tenga la valentía para perder de vista la orilla.

Mas el justo vivirá por fe: y si retrocediere,
no agradará a mi alma.

Hebreos 10:38

Planta tus pies sobre terreno sólido,
y podrás florecer como
un líder de hombres.

El justo [intransigente] florecerá como la palmera [larga vida, majestuoso, estable, duradero e incorruptible]; crecerá como cedro en el Líbano [majestuoso, estable, duradero e incorruptible].

Salmos 92:12

Igual que la fe, la paciencia y la diligencia traspasan montañas.

Respondiendo Jesús les dijo: Tened fe en Dios. Porque de cierto os digo que cualquiera que dijere a este monte: Quítate y échate en el mar, y no dudare en su corazón, sino creyere que será hecho lo que dice, lo que diga le será hecho.

Marcos 11:22-23

Creo que la lección principal que he aprendido es: el prestar atención no se sustituye con nada.

Como zarcillo de oro y joyel de oro fino es el que reprende al sabio que tiene oído dócil.

Proverbios 25:12

Cuando nos esforzamos por hacer lo máximo que está a nuestro alcance, nunca sabemos el milagro que se ha efectuado en nuestra vida, o en la vida de algún otro.

Y todo lo que hagáis, hacedlo de corazón, como para el Señor y no para los hombres.

Colosenses 3:23

Es mejor desgastarse que corroerse.

Todo lo que te viniere a la mano para hacer,
hazlo según tus fuerzas.

Eclesiastés 9:10

Nunca se intentará hacer nada, si es que primero hay que vencer todos los objetos posibles.

Dice el perezoso: El león está en el camino;
el león está en las calles.

Proverbios 26:13

El que conquista a otros es fuerte.
Quien se conquista a sí mismo
es poderoso.

Mejor es aquel que tarda en airarse que el fuerte; y el que se enseñorea de su espíritu, que el que toma una ciudad.

Proverbios 16:32

La sabiduría es más valiosa que cualquier riqueza.

Más preciosa que las piedras preciosas;
y todo lo que puedes desear,
no se puede comparar a ella.

Proverbios 3:15

Lo que importa no es las horas que dedicas, sino cuánto le dedicas a las horas.

Mirad, pues, con diligencia como andéis, no como necios sino como sabios, aprovechando bien el tiempo, porque los días son malos.

Efesios 515-16

La mejor manera de que un joven crezca, es procurando mejorar su persona en todas las maneras que le sea posible.

Compra la verdad, y no la vendas; la sabiduría,
la enseñanza y la inteligencia.

Proverbios 23:23

Los hombres sabios no siempre están en silencio, pero saben cuándo deben estarlo.

Todo tiene su tiempo, y todo lo que se quiere debajo del cielo tiene su hora ... tiempo de callar, y tiempo de hablar.

Eclesiastés 3:1,7

El hombre honorable siente pesar por cualquier acto deshonroso, aun cuando haya devengado beneficio del mismo.

El corazón del sabio está a su mano derecha,
mas el corazón del necio a su mano izquierda.

Eclesiastés 10:2

A menos que tú mismo lo hagas, nadie más mejorará tu suerte.

Procura con diligencia presentarte a Dios aprobado.

2 Timoteo 2:15

Sea que pienses que puedes,
o que no puedes,
tienes toda la razón.

Porque cual es su pensamiento en su corazón, tal es él.

Proverbios 23:7

Es imposible gobernar debidamente el mundo sin Dios y sin la Biblia.

¿Has visto hombre sabio en su propia opinión?
Más esperanza hay del necio que de él.

Proverbios 26:12

Comienza a actuar con confianza. En el momento en que te comprometes categóricamente, todo el cielo se mueve a tu favor.

Acerquémonos, pues, confiadamente al trono de la gracia, para alcanzar misericordia, y hallar gracia para el oportuno socorro.

Hebreos 4:16

No desperdicies más tiempo discutiendo cómo debe ser un buen hombre; sé uno.

Sé ejemplo de los fieles en la forma en que enseñas y vives,
en el amor y en la pureza de tus pensamientos.

I Timoteo 4:12 LBAD

Toma riesgos calculados. Esto es muy diferente a ser imprudente.

Los pensamientos del diligente ciertamente tienden a la abundancia; mas todo el que se apresura alocadamente, de cierto va a la pobreza.

Proverbios 21:5

Las águilas no vuelan en bandada.
Para conseguirlas tienes que
buscarlas una a la vez.

Estad, pues, firmes (no te dejes mover), ceñidos vuestros lomos con la verdad, y vestidos con la coraza de integridad y rectitud moral ante Dios.

Efesios 6:14

Habla en voz baja, habla despacio, y no digas demasiado.

No te des prisa con tu boca, ni tu corazón se apresure a proferir palabra delante de Dios.

Eclesiastés 5:2

A menudo la indecisión es peor que la acción equivocada.

El hombre de doble ánimo es inconstante en todos sus caminos.

Santiago 1:8

Es mejor tomar un riesgo ahora,
que vivir por siempre en temor.

El Señor es mi ayudador; no temeré lo que me
pueda hacer el hombre.

Hebreos 13:6

Aquel que da de sus bienes a los pobres volverá a recibir lo mismo que ha dado, y diez veces más.

Si das a los pobres, tus necesidades serán satisfechas.

Proverbios 28:27 LBAD

La genialidad no es otra cosa
que perseverancia divina.

No temáis; estad firmes (quietos, confiados, impávidos)
y ved la salvación que Jehová hará hoy con vosotros.

Éxodo 14:13

La resistencia no es tan sólo la habilidad de soportar algo difícil, sino la habilidad de convertirlo en gloria.

Pase lo que pase, no pierdan nunca esa feliz confianza en el Señor, porque les espera gran galardón. Es necesario que con paciencia cumplan la voluntad de Dios.

Hebreos 10:35-36 LBAD

Yo hago uso no sólo de todo el cerebro que poseo, sino también de todo el que puedo conseguir prestado.

Porque Jehová da la sabiduría, y de su boca viene el conocimiento y la inteligencia.

Proverbios 2:6

Protege tu credibilidad personal. Uno de los más grandes reconocimientos es el comentario: "Si fue él quien lo dijo, puedes contar con ello".

Los labios justos son el contentamiento de los reyes,
y estos aman al que habla lo recto.

Proverbios 16:13

La búsqueda de excelencia es indicio de madurez. La búsqueda de poder es pueril.

Pero Daniel mismo era superior a estos sátrapas y gobernadores, porque había en él un espíritu superior; y el rey pensó en ponerlo sobre todo el reino.

Daniel 6:3

Es posible que el césped parezca ser más verde en el patio del vecino, pero aun allí hay que cortarlo.

Conténtense con lo que tienen.

Hebreos 13:5

Identifica cuál es tu mejor destreza y dedica tiempo al desempeño de la misma.

Así que, hermanos, procuren demostrar que pueden ser contados entre los que Dios ha llamado y escogido. Así nunca tropezarán ni caerán.

2 Pedro 1:10

Jamás un hombre se convirtió en sabio al azar.

El sabio tiene sus ojos en su cabeza,
mas el necio anda en tinieblas.

Eclesiastés 2:14

Fueron millones los que vieron la manzana caer, pero fue sólo Newton quien preguntó *por qué*.

Sabiduría ante todo... y sobre todas tus posesiones adquiere inteligencia.

Proverbios 4:7

Cada trabajo es un autorretrato del que lo hace. Firma todos tus trabajos con excelencia.

Muchas... hicieron el bien; mas tú sobrepasas a todas.

Proverbios 31:29

Aquel que ha aprendido a obedecer, sabrá cómo mandar.

Escuchad mi voz, y seré a vosotros por Dios, y vosotros
me seréis por pueblo; y andad en todo camino
que os mande, para que os vaya bien.

Jeremías 7:23

El hombre que está destinado a usar el talento con el que nace encuentra su mayor placer al usarlo.

Después de todo, la vida carecería de valor si no la empleara para terminar con gozo la tarea que me señaló el Señor Jesús.

Hechos 20:24 LBAD

Aprende el lujo de hacer el bien.

No te niegues a hacer el bien a quien es debido,
cuando tuvieres poder para hacerlo.

Proverbios 3:27

Un hombre no llega a su fin cuando ha sido derrotado. Llega a su fin cuando se rinde.

Pelea la buena batalla de la fe.

I Timoteo 6:12

Uno de los indicios de la verdadera grandeza es la habilidad de producir grandeza en los demás.

Lo que me has oído decir en presencia de muchos, enséñalo a hombres de confianza que, a su vez, puedan enseñar a otros.

2 Timoteo 2:2 LBAD

La genialidad está compuesta por uno por ciento de inspiración y noventa y nueve por ciento de transpiración.

Porque como el cuerpo sin espíritu está muerto,
así también la fe sin obras está muerta.

Santiago 2:26

Nos ganamos la vida por lo que recibimos -nuestra existencia se convierte en vida por lo que damos.

Más bienaventurado es dar que recibir.

Hechos 20:35

La honestidad es la piedra angular de todo éxito, sin la cual la confianza y la habilidad para desempeñar un trabajo dejarían de existir.

Péseme Dios en balanzas de justicia, y conocerá mi integridad.

Job 31:6

Las palabras de un líder pueden motivar a los hombres a escalar la montaña más alta, o pelear contra un tirano por justicia y libertad.

La muerte y la vida están en poder de la lengua.

Proverbios 18:21

Lo que hasta ahora he visto, me enseña
a confiar en el Creador por todo
lo que aún no he visto.

Fíate de Jehová de todo tu corazón, y no te apoyes
en tu propia prudencia.

Proverbios 3:5

La mayoría de las cosas que vale la pena hacer en este mundo, habían sido declaradas como imposible antes de que fuesen hechas.

Para los hombres esto es imposible;
mas para Dios todo es posible.

Mateo 19:26

En la vida, igual que en el fútbol, no llegarás muy lejos hasta que sepas dónde están los postes de la portería.

Cuando no hay conocimiento de Dios, el pueblo se desboca.

Proverbios 29:18

En la carrera por lograr mejorar o ser el mejor, no te olvides de disfrutar el viaje.

Estén siempre (continuamente) gozosos.

I Tesalonicenses 5:16

Aceptar la crítica y usarla a tu favor... es una de las cosas más difíciles en el mundo.

Es verdad que ninguna disciplina al presente parece ser causa de gozo, sino de tristeza; pero después da fruto apacible de justicia a los que en ella han sido ejercitados.

Hebreos 12:11

He aquí un consejo que vale tanto como la corona de un rey: para poder mantener tu cabeza en alto, mantén bajo los gastos generales.

Toda empresa tiene por fundamento planes sensatos, se fortalece mediante el sentido común, y prospera manteniéndose al día en todo.

Proverbios 24:3-4 LBAD

Los buenos pensamientos producen buenos frutos; los malos pensamientos producen malos frutos y el hombre es su propio hortelano.

Derribando argumentos y toda altivez que se levanta contra el conocimiento de Dios, y llevando cautivo todo pensamiento a la obediencia a Cristo.

2 Corintios 10:5

Muéstrame un empleado de almacén que tenga una meta y te mostraré a un hombre que hará historia. Muéstrame a un hombre sin meta, y te mostraré un empleado de almacén.

Puestos los ojos en Jesús ... el cual por el gozo puesto delante de él sufrió la cruz ... y se sentó a la diestra del trono e Dios.

Hebreos 12:2

Las grandes mentes gozan de propósito, mientras que las demás gozan de deseos.

Porque yo sé los pensamientos que tengo acerca de vosotros, dice Jehová, pensamientos de paz, y no de mal, para daros el fin que esperáis.

Jeremías 29:11

El hombre sabio se hace responsable de crear más oportunidades de las que encuentra.

La dádiva del hombre le ensancha el camino
y le lleva delante de los grandes.

Proverbios 18:16

Toma cada decisión como si fueras el dueño de toda la empresa.

El entendido en la palabra hallará el bien.

Proverbios 16:20

El que estima que su trabajo está por encima de él, estará muy por encima de hacerlo bien.

Todos los caminos del hombre son limpios en su propia opinión; pero Jehová prueba los espíritus.

Proverbios 16:2

El éxito es el producto de trabajar mucho, jugar arduamente y mantener la boca cerrada.

Aun el necio cuando calla, es contado por sabio;
el que cierra sus labios es entendido.

Proverbios 17:28

El dominio propio es la habilidad de mantener fresco el espíritu cuando alguien intenta subirte la candela.

La respuesta suave aparta el enojo,
pero las palabras ásperas provocan disputas.

Proverbios 15:1 LBAD

Prefiero caminar con Dios en la oscuridad que andar solo en la luz.

Aun cuando atraviese el negro valle de la muerte, no tendré miedo, pues tú irás siempre muy junto a mí, protegiéndome y guiándome.

Salmos 23:4 LBAD

Es necesario tener metas a largo plazo para que no seas frustrado por los fracasos a corto plazo.

Aunque la visión tardará aún por un tiempo... aunque tardare, espéralo, porque sin duda vendrá.

Habacuc 2:3

Arar la tierra implica mucho más
que simplemente darle vuelta
tras vuelta en tu mente.

Así también la fe, si no tiene obras,
es muerta en sí misma.

Santiago 2:17

El verdadero contentamiento es el poder de lograr todo lo posible de cada situación.

He aprendido a estar satisfecho en cualquier circunstancia.

Filipenses 4:12 LBAD

La gente puede dudar de tus palabras, pero creerán tus acciones.

Hijitos míos, que nuestro amor no sea sólo de palabras; amémonos de veras y demostrémoslo con hechos.

I Juan 3:18 LBAD

Los líderes son gente común, que poseen una determinación extraordinaria.

Corramos con [resistente] paciencia
[con firme y activa persistencia]
la carrera que tenemos por delante.

Hebreos 12:1

La diferencia entre lo ordinario
y lo extraordinario es
ese pequeño "extra".

En una carrera varios son los que corren, pero sólo
uno obtiene el premio. Corran para ganar.

I Corintios 9:24 LBAD

Todos nuestros sueños pueden convertirse en realidad -si es que tenemos la valentía de ir tras ellos.

Sé enérgico y valiente y pon manos a la obra ... no te amedrentes ... porque el Señor mi Dios está contigo y no te abandonará.

I Crónicas 28:20 LBAD

Todo el que desee subir la escalera debe comenzar desde abajo.

El que quiera ser grande, debe servir a los demás; y el que quiera ocupar el primer lugar en la lista de honor, debe ser esclavo de los demás.

Mateo 20:26-27 LBAD

Yo logro progresar al rodearme de personas que son más inteligentes que yo -y escuchándolos.

Bienaventurado (feliz, afortunado, envidiado) el hombre que me escucha, velando a mis puertas cada día, aguardando a los postes de mis puertas.

Proverbios 8:34

Reconocimientos

Reconocemos y damos las gracias a las siguientes personas por las citas que han sido usadas en este libro: Winston Churchill (6,62), Katherine Graham (7), Arnold Bennett (8), Peter J. Daniels (9), Samuel Johnson (10,73,97), Ralph Waldo Emerson (11,20,75,134), Lillian Dickson (12), Cervantes (13,21), Michelangelo (14), John D. Rockfeller Jr. (15), Zig, Ziglar (16,46), Jean Sibelius (17), Harvey Mackey (18), Tim Hansel (19), Dr. Eugene Swearingen (21), Johann Wolfgang von Goethe (22,45,121), Benjamin Franklin (23,79), Dennis Waitley (24,124), Friedrick Wilhelm Nietszsche (25,34), James Huxley (26), Diane Ravitch (27), Roger von Oech (28), Dwight D. Eisenhower (29,81), Mark Twain (30,37), St Francis de Sales (31,71), E.M. Kelley (32), Henry Ford (34,100), Aeschylus (36), Gordon van Sauter (38), Margaret Fuller (39), William James (40), Edward Gibson (41), Solon Bale (42), O.L. Crain (43), Elbert Hubbard (44,101), David J. Schwartz (48), John A. Shedd (50), Lucius Annaeus Seneca (51,122) George Herbert Palmer (52), William Feather (53), Isaac Singer (54), Lawrence D. Bell (56), George Herbert (57), Bill Cosby (58), J.R.R. Tolkien (60), Robert Frost (62), Marcel Pagnol (63), Sir Thomas Fuller (64), Charles Dickens (65), Euripides (66), Martin Luther King Jr. (68), Milton S. Gould (69), William Carey (74) Catherine Booth (74), Edward Young (77), Sam Snead (78),

David Mahoney (79), Mary Webb (80), G.K.Chesterton (81,146), Oswald Chambers (82), William Jennings Bryan (83), Horace Walphole (84), Theodore roosevelt (85,91), Baltasar Gracian (86), Ronald E. Osborne (88), Diane Sawyer (89), Helen Keller (90), William Penn (93), Michael Aspen (94), Bishop Richard Cumberland (96), H.L. Mecken (98), Sophocles (99), Marcus Aurelius (103), George S. Patton (104), Thomas Alva Edison (105), George washington (106), Gerald R. Ford (107), Thomas Fuller (108), Horace (109), William Danforth (111), George P. Burnham (112), James L. Hayes 9113), John Bunyan (114), William Barclay (116), Woodrow Wilson (117), Barbara Baruch (118), Max Lucado (119), B.C. Forbes (120), Richard Nixon (123), Solon (125), Oliver Goldsmith (127), J.C.Macaulay (129), Louis D. Brandels 9130), Arnold Glasgow (131), Lawrence Scott (133), Conrad Hilton (135), J.C.Penney (136), Washington Irving (137), Francis Bacon (138), Robert Townsend (139), James Allen (140), Albert Einstein (141), Edward John Phelps (142), Mary Gardiner Brainard (143), Charles C. Noble (144), Walt Disney (150), Harry J. Kaiser (157).